DEPORTES

BOLICHE

por Mari Schuh

AMICUS | AMICUS INK

bolas

zapatos

Busca estas palabras e imágenes mientras lees.

línea de falta

bolos

Un jugador de boliche rueda la bola. Intenta derribar los bolos. ¡Vamos a mirar!

PBA

El equipo tiene cinco jugadores. Llevan camisetas de equipo.

¿Ves las bolas?
Son pesadas. Los números son su pesos en libras.

bolas

1
3
4
5
6

¿Ves los zapatos? Las suelas lisas se deslizan. El tacón ayuda al jugador de boliche a detenerse.

zapatos

¿Ves la línea de falta?
Emilia la atravesó.
¡Uy! No puntos esta vez.

línea de falta

¿Ves los bolos? Cada pista tiene 10 bolos.

bolos

La bola golpea los bolos. Los 10 bolos se caen. ¡Es un pleno!

bolas

zapatos

¿Lo encontraste?

línea de falta

bolos

Spot es una publicación de Amicus y Amicus Ink
P.O. Box 1329, Mankato, MN 56002
www.amicuspublishing.us

Library of Congress Cataloging-in-Publication Data
Names: Schuh, Mari C., 1975- author.
Title: Boliche / Mari C. Schuh.
Other titles: Bowling. Spanish
Description: Mankato, MN : Amicus, 2021. | Series: Spot. Deportes | Audience: Ages 4-7 | Audience: Grades K-1 | Summary: "North American Spanish translation of Spot Bowling. Elementary sports fans knock down key vocabulary like pins in this high-interest leveled reader about bowling. Simple text and color photos touch on bowling teams, basic equipment, and rules. A search-and-find feature reinforces key vocabulary"-- Provided by publisher.
Identifiers: LCCN 2019050285 (print) | LCCN 2019050286 (ebook) | ISBN 9781645491866 (library binding) | ISBN 9781681527154 (paperback) | ISBN 9781645492122 (pdf)
Subjects: LCSH: Bowling--Juvenile literature.
Classification: LCC GV903.5 .S3618 2021 (print) | LCC GV903.5 (ebook) | DDC 794.6--dc23
LC record availableat https://lccn.loc.gov/2019050285
LC ebook record available at https://lccn.loc.gov/2019050286

Impreso en los Estados Unidos de America

HC 10 9 8 7 6 5 4 3 2 1
PB 10 9 8 7 6 5 4 3 2 1

For Natalie of Fairmont, Minnesota
—MS

Gillia Olson, editora
Deb Miner, diseñadora de la serie
Aubrey Harper, diseñadora de libro & investigación fotográfica

Créditos de las imágenes: Aubrey Harper 10–11; iStock/Milkos 6–7, bpablo cover (ball), 8–9, 16, mphillips007 14–15; Photos provided courtesy of PBA LLCI cover, 1, 3, 4–5, 16; Shutterstock/Mindscape studio12–13

SPOT DEPORTES

HAYA AÚN MÁS TEMAS DE SPOT EN
amicuspublishing.us

spot

ISBN: 978-1-68152-715-4 U.S. $7.99
50799
9 781681 527154

amicus ink

LOS LINCES